Mein großes

# VORSCHULBUCH

BUCHSTABEN · ZAHLEN · KONZENTRATION

Ravensburger

# INHALT

## WAHRNEHMUNG

## ERSTE BUCHSTABEN



## ERSTE ZAHLEN



## ERSTES LESEN



## ANHANG



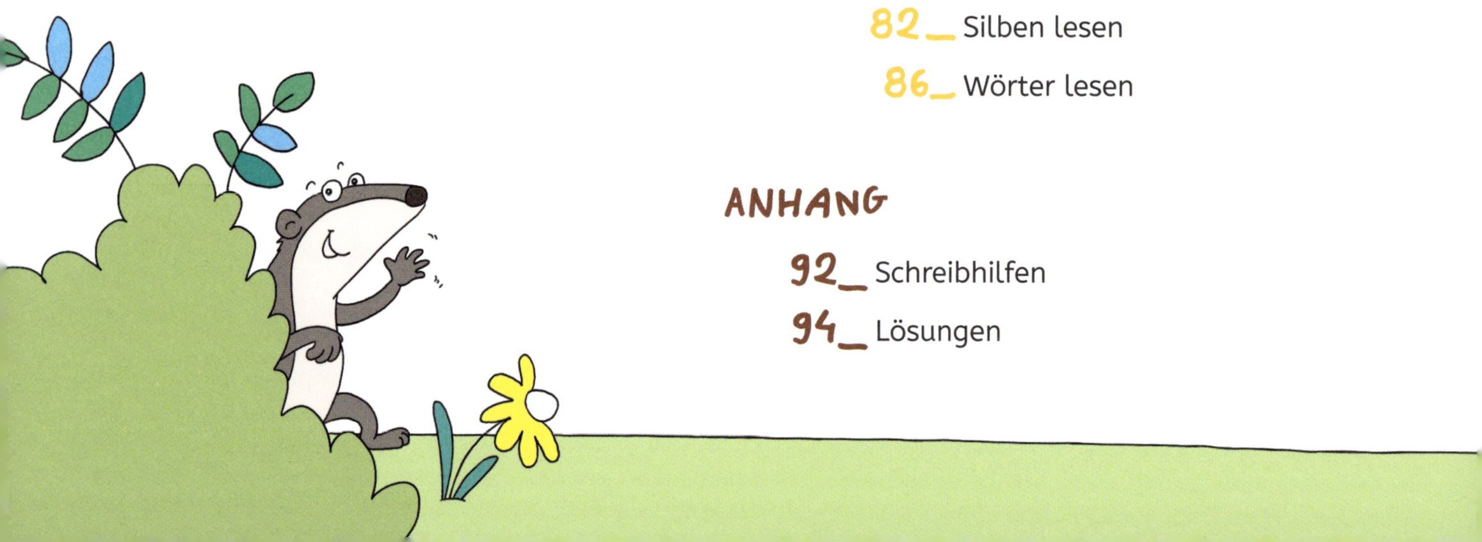

# Hallo!

Du freust dich schon tierisch auf die Schule? Dann machen dir die Aufgaben in diesem Heft bestimmt jede Menge Spaß!

Die Haustiere und die Bauernhoftiere, die Zootiere und die Waldtiere und auch die Wassertiere sind alle fleißig dabei, das Schreiben, Lesen und Rechnen zu üben. Mach doch einfach mit!

Die Symbole zeigen dir auf jeder Seite, was zu tun ist. Außerdem ist immer auch ein Beispiel dabei, damit du ganz sicher das Richtige machst. Wenn du Lust hast, kannst du zusätzlich auch noch einige Zeichnungen anmalen.

Du hast noch mehr Lust, etwas zu lernen? Dann lass dir den Tipp vorlesen – und gemeinsam könnt ihr noch viele spannende Dinge erleben.

Diese Symbole findest du im Buch:

Bei diesen Aufgaben geht es darum, all das zu machen, was man mit einem Stift tun kann: einkreisen, ankreuzen, malen, nachspuren, … Ein Beispiel zeigt dir ganz genau, was zu tun ist.

Hier geht es ums Sprechen. Bei einigen Aufgaben musst du dir die Wörter vorsprechen lassen oder selbst ganz deutlich aussprechen. Bei anderen Aufgaben kannst du zum Bild erzählen.

Kannst du lesen, was hier steht?

Wie viele Dinge sind hier zu sehen? Zähle alles ganz genau.

Ganz schön kniffelig! Bei diesen Aufgaben musst du gut überlegen, um die richtige Lösung zu finden.

Bei diesen Übungen musst du ganz genau hinschauen, um die Aufgabe zu lösen.

Ohren gespitzt! Achte genau darauf, was du hörst.

**Und jetzt viel Spaß mit deinem großen Vorschulbuch!**

# BILDER VERGLEICHEN

Vergleiche die beiden Bilder. Insgesamt sind es **8** Unterschiede.

Verbinde die beiden Schweine, die gleich aussehen.

Kennzeichne alle Schweine, die nach rechts laufen: →

**Tipp**

*Paare suchen – das geht auch mit Strümpfen. Lassen Sie Ihr Kind die Socken immer paarweise von der Wäscheleine nehmen. So wird aus der Hausarbeit ein Kinderspiel!*

# BILDER VERGLEICHEN

Wo sind die Tiere? Kreise sie ein.

**Tipp**

*Spielen sie mit Ihrem Kind doch einmal „Spiegeln“: Sie machen eine Bewegung vor, Ihr Kind macht diese nach. Wenn Sie sich dabei gegenüber stehen, muss die Bewegung – wie in einem Spiegel – immer spiegelverkehrt ausgeführt werden.*

Kreise das Tier ein, das genauso aussieht, wie das erste in der Reihe.

# BILDER VERGLEICHEN

Welcher Schatten gehört zu welchem Tier? Verbinde.

**Tipp**

*Schattenspiele für jeden Tag: Legen Sie einige Alltagsgegenstände bereit, halten Sie sie einzeln so vor eine Lampe, dass ein Schatten an die Wand geworfen wird – dann wird geraten, welcher Gegenstand es ist.*

Was stimmt hier nicht? Insgesamt sind **8** Fehler im Bild.

# LINIEN VERFOLGEN

Wie kommen die Kaninchen zum Gras? Spure nach.
Male die Grasbüschel an, die am Ende des Weges stehen.

Wie kommt das Eichhörnchen zur Nuss? Zeichne den Weg ein.

Verfolge die Spuren. Dann weißt du, zu welchem Tier sie gehören.

**Tipp**

*Spuren verfolgen: Sie laufen eine Spur im Sand vor – Ihr Kind läuft sie nach. Anschließend tauschen Sie die Rollen.*

# LINIEN VERFOLGEN

Erkennst du die Schmetterlinge? Male sie aus.

## Tipp

*Linien zum Nachspuren lassen sich ganz schnell und einfach auf Papier zeichnen – Ihr Kind spurt dann mit unterschiedlichen Farben nach. Das sieht toll aus.*

Spure die Flugbahnen der Schmetterlinge nach.
Male die Blumen in der passenden Farbe an.

# LINIEN VERFOLGEN

Wie kommt der Dachs zu seinen Kindern? Zeichne den Weg ein.

### Tipp

*Geben Sie Ihrem Kind eine Musterlinie vor, die es zunächst nachspuren und dann fortsetzen soll: Schlangenlinien, Bögen, eckig, rund … mit den Lieblingsfarben geht das noch mal so gut!*

Spure die Laufwege der Dachskinder nach.

# FORMEN ERKENNEN

Wie viele Bälle siehst du von jeder Sorte? Zähle.
Male passend zu den Bällen die Kreise aus.

Kreise alle runden Dinge ein, mit denen die Seehunde spielen:

**Tipp**

*Suchen Sie gemeinsam mit Ihrem Kind runde Dinge im Alltag: ein Verkehrsschild, eine Lampe, einen Teller, ... Wer findet mehr?*

# FORMEN ERKENNEN

Markiere alle viereckigen Dinge: ☐

**Tipp**

*Lassen Sie Ihr Kind Fotos aus alten Zeitungen ausschneiden – oder mit einem Wachsmalstift eine Linie als Rahmen darum zeichnen. So werden rechteckige Dinge greifbar.*

Immer 4 Tiere sind in einem Gehege. Zähle.
Verbinde die Pfosten so, dass immer **4** Tiere zusammenstehen.

# FORMEN ERKENNEN

Hilf den Löwen beim Bauen. Ergänze die Dreiecke:

Die Mauer beim Löwengehege wird verziert.
Male die Formen in der vorgegebenen Farbe aus.

**Tipp**

*Alle Formen lassen sich prima in die Luft malen und erraten. Oder Ihr Kind malt sie mit Wachsmalstiften großformatig auf Papier, mit dem Finger in den Sand, …*

# BUCHSTABEN HÖREN

Kreise die Bilder ein, in denen du ein A / a hörst.

Welche Wörter klingen am Anfang gleich?
Sprich die Wörter und verfolge die Spuren.

## Tipp

*L wie lustig, K wie kitzeln, ...
Sprechen Sie den Buchstaben als Laut („L" und nicht „El", „K" und nicht „Ka"). Hier eine Spielidee beim Schaukeln: Wenn es nach vorn geht, rufen Sie einen Buchstaben als Laut, wenn es zurückgeht, ruft Ihr Kind ein passendes Wort.*

# BUCHSTABEN HÖREN

Sprich die Wörter und verbinde die beiden Wörter mit demselben Anfangslaut.

Male die Felder aus, wenn ein I / i zu hören ist.

Sprich die Wörter in einer Reihe laut.
Welches Wort klingt am Anfang anders? Streiche es durch.

Sprich die Wörter laut. Kreise die Bilder ein,
bei denen du am Wortanfang ein I / i hörst.

## Tipp

*Wie wäre es mit einem kleinen Wettbewerb: Einen Buchstaben auswählen und passend dazu abwechselnd Wörter finden, die mit dem Anlaut beginnen. Wer hat das letzte Wort?*

# BUCHSTABEN HÖREN

Sprich die Wörter in einer Reihe laut. Welches Wort klingt am Anfang anders? Streiche es durch.

Hörst du in dem Wort N / n ? Kreuze es an.

Male die Felder aus, wenn ein Ei / ei zu hören ist.

Verbinde die Bilder mit dem **N**, wenn du ein n hörst.

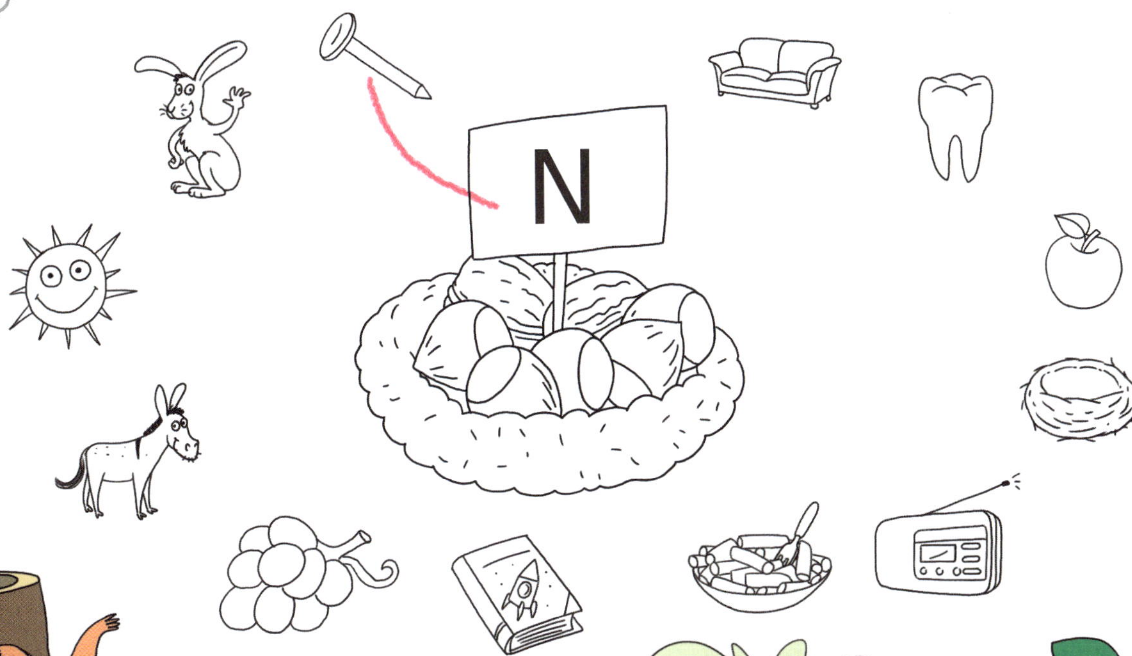

**Tipp**

*Was mögen Eichhörnchen?*
*Eichhörnchen mögen Eis.*
*Was mögen Bären? Bären mögen B…*
*Kindern machen Quatschsätze Spaß – und nebenbei hören sie auch noch auf die Anlaute.*

# BUCHSTABEN HÖREN

Kreise die Bilder ein, in denen du F / f hörst.

Sprich alle Wörter einer Reihe laut.
Welches Wort klingt am Anfang anders? Streiche es durch.

Sprich alle Wörter deutlich aus. Kreise das längste Wort ein.

**Tipp**

*Applaus, Applaus! Beim Sprechen von Wörtern hilft das Mitklatschen, um zu hören, wie viele Silben das Wort hat. Sprechen Sie ein Wort gemeinsam mit ihrem Kind laut und deutlich und klatschen Sie dazu.*

# BUCHSTABEN ERKENNEN

Kreise alle Buchstaben ein.

3 € A M L 8 W E 4 P @ § S > 6 # £ T 1 U

**Tipp**

*Im Alltag gibt es überall Buchstaben zu entdecken. Gehen Sie mit Ihrem Kind auf Entdeckungstour: Wer findet ein T? Wo steht ein A?*

Verbinde jeden Buchstaben mit seinem Schatten.

O R P W X N D M

R W O X D N P M

Streiche den Buchstaben durch, der nicht in die Reihe passt.

| | | | | |
|---|---|---|---|---|
| A | A | A | ~~E~~ | A |
| D | B | D | D | D |
| G | G | G | G | P |
| M | M | W | M | M |
| U | U | U | U | I |

# BUCHSTABEN ERKENNEN

Kreise alle **E** ein.

Wo erkennst du ein **E**? Kreuze an.

Male alle Felder mit **E** an.

Schreibe das **E**.

| ELEFANT | □NTE |
|---|---|
| □SEL | □LCH |

**Tipp**

*Suchen Sie gemeinsam mit Ihrem Kind in Zeitungen und Zeitschriften nach Wörtern, die mit dem Buchstaben E beginnen. (Das geht natürlich auch mit anderen Buchstaben!)*

# BUCHSTABEN ERKENNEN

Erkennst du die Buchstaben? Verbinde.

Z E  B R A

E Z R A B

Welche Buchstaben stecken in dem Wort **ZEBRA**? Verbinde.

Immer **3**! Male die Luftballons mit den gleichen Buchstaben gleich an.

**Tipp**

*Mit Straßenkreide lassen sich Buchstaben zum Nachlaufen prima aufzeichnen. Das gilt natürlich auch für Zahlen.*

# BUCHSTABEN NACHSPUREN

Spure die Buchstaben nach.

**Tipp**

*Luftbuchstaben schreiben sich ganz schnell und haben einen tollen Ratespielcharakter. Achten Sie dabei durchaus darauf, dass Ihr Kind die Linienführung einhält.*

Kreise **A** und **E** ein.

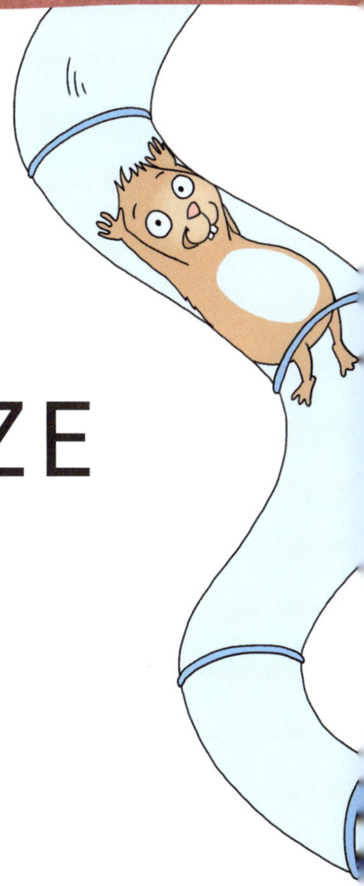

 HAMSTER

 AFFE  KATZE

 SCHLANGE

Schreibe **A** und **E**.

A A A A A A A A A A

E E E E E E E E E E E E

A E A E A E A E A E A E

 KATZE

 □FF□

 H□MST□R

# BUCHSTABEN NACHSPUREN

Spure das I nach.

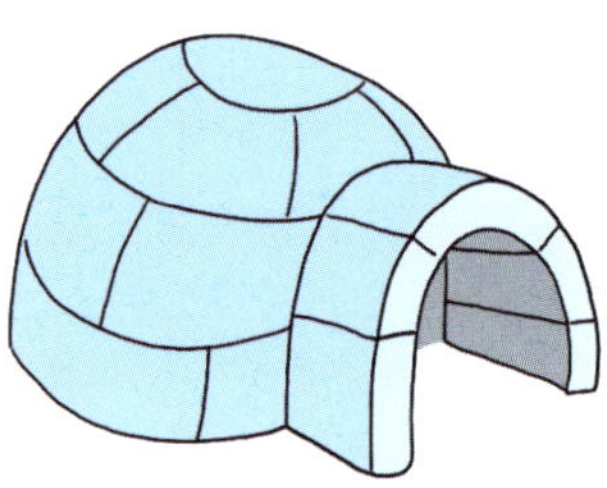

S□ND D□E □GEL
□M □GLU?

□SST DER □GEL
K□W□S?

Schreibe die fehlenden **I**.

 K□W□

 SCH□FF

 Z□TRONE

 □GEL

 □NSEL

 B□K□N□

Male die Felder mit **I** an.

**Tipp**

*Kennen Sie das Laute-Spiel? Sie sagen, was sie sehen, z. B. einen Hund. Ihr Kind sagt einen Laut und muss begründen, warum es so reagiert, z. B. Iiii! Ich bin in den Hundehaufen getreten. Oooo! Der Hund ist sehr groß.*

# BUCHSTABEN NACHSPUREN

Spure die Buchstaben nach.

**Tipp**

*Stempeln Sie mit Ihrem Kind doch mal Buchstaben – mit Tuschmalfarbe und dem Finger geht das ganz einfach. Vielleicht geben Sie am Anfang den Buchstaben noch vor – Sie können sich auch gegenseitig Buchstaben raten lassen.*

Schreibe **U** und **O**.

U U U U U U U U U U

O O O O O O O O O O

U U O O U U O O U U

U O U O U O U O U O

Spure alle **O** in **braun** und alle **U** in **grün** nach.

# WÖRTER SCHREIBEN

Welcher Buchstabe fehlt? Schreibe den passenden Buchstaben.

Schreibe die Namen.

LENA

MO

TONI

UMI

SUSI

**Tipp**

*Schreiben Sie einfache Namen sehr groß mit Großbuchstaben für Ihr Kind auf. Ihr Kind kann diese nachspuren oder abschreiben: MAMA, OMA, ANNA, ...*

Schau genau und schreibe die fehlenden Buchstaben.

TANNE
TANNE
TA□NE
TANN□
□ANNE

WOLKE
W□LKE
WO□KE
WOL□E
□OLKE

HASE
H□SE
□ASE
HAS□
HA□E

BLUME
B□UME
BL□ME
BLU□E
BLUM□

# WÖRTER SCHREIBEN

Kreise ein, welcher Buchstabe nicht in die Traumblase passt.
Schreibe die eingekreisten Buchstaben auf.

Schreibe, was die Esel gern fressen.

Spure die Linien nach. Schreibe die Wörter.

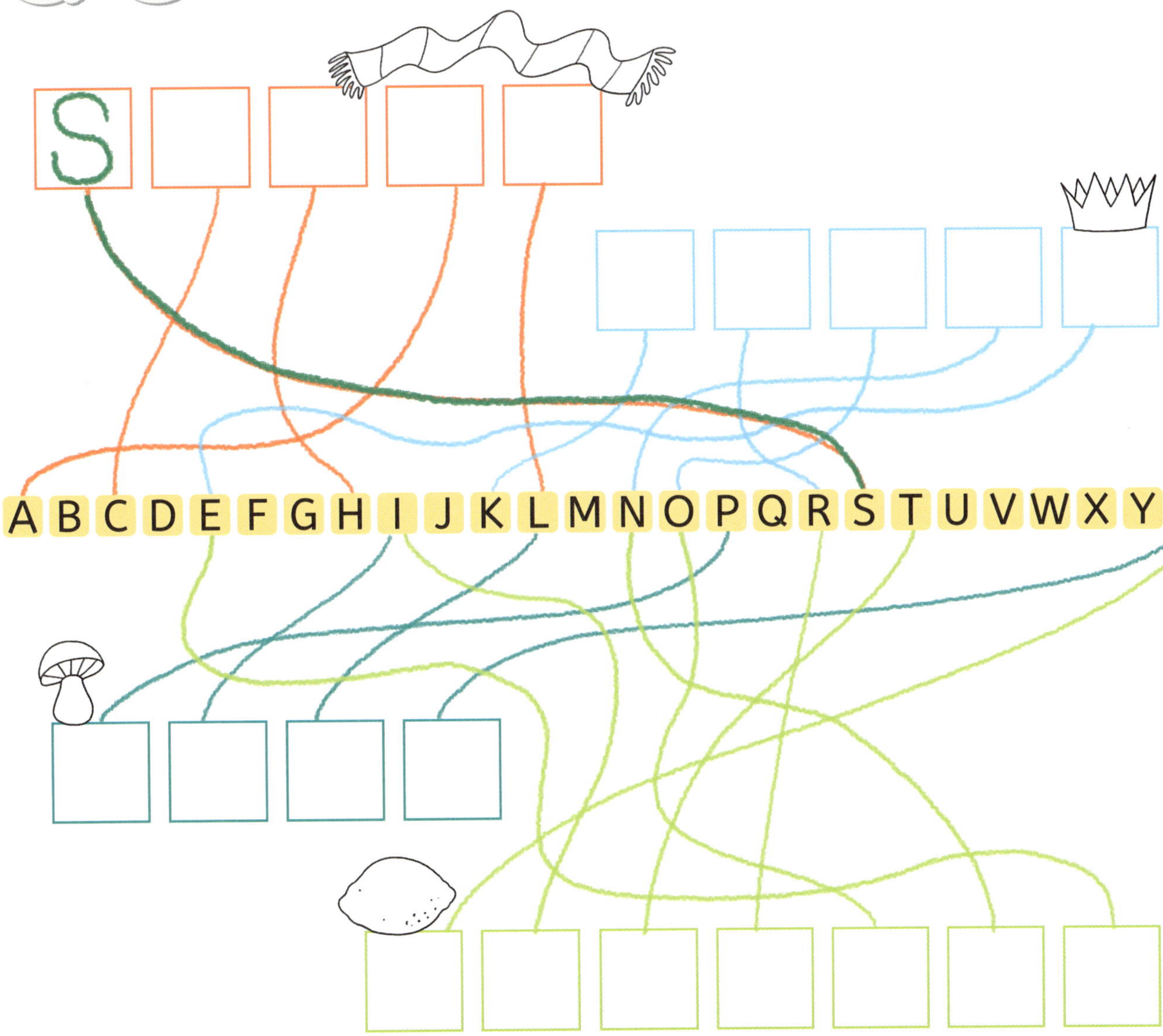

**Tipp**

*Buchstabenrätsel dieser Art stellen Sie ganz einfach und schnell selbst her – und Ihr Kind hat viel Spaß damit.*

# DINGE ZÄHLEN

Zähle die Tiere. Benutze die Strichliste.

Kreise immer **3** ein.

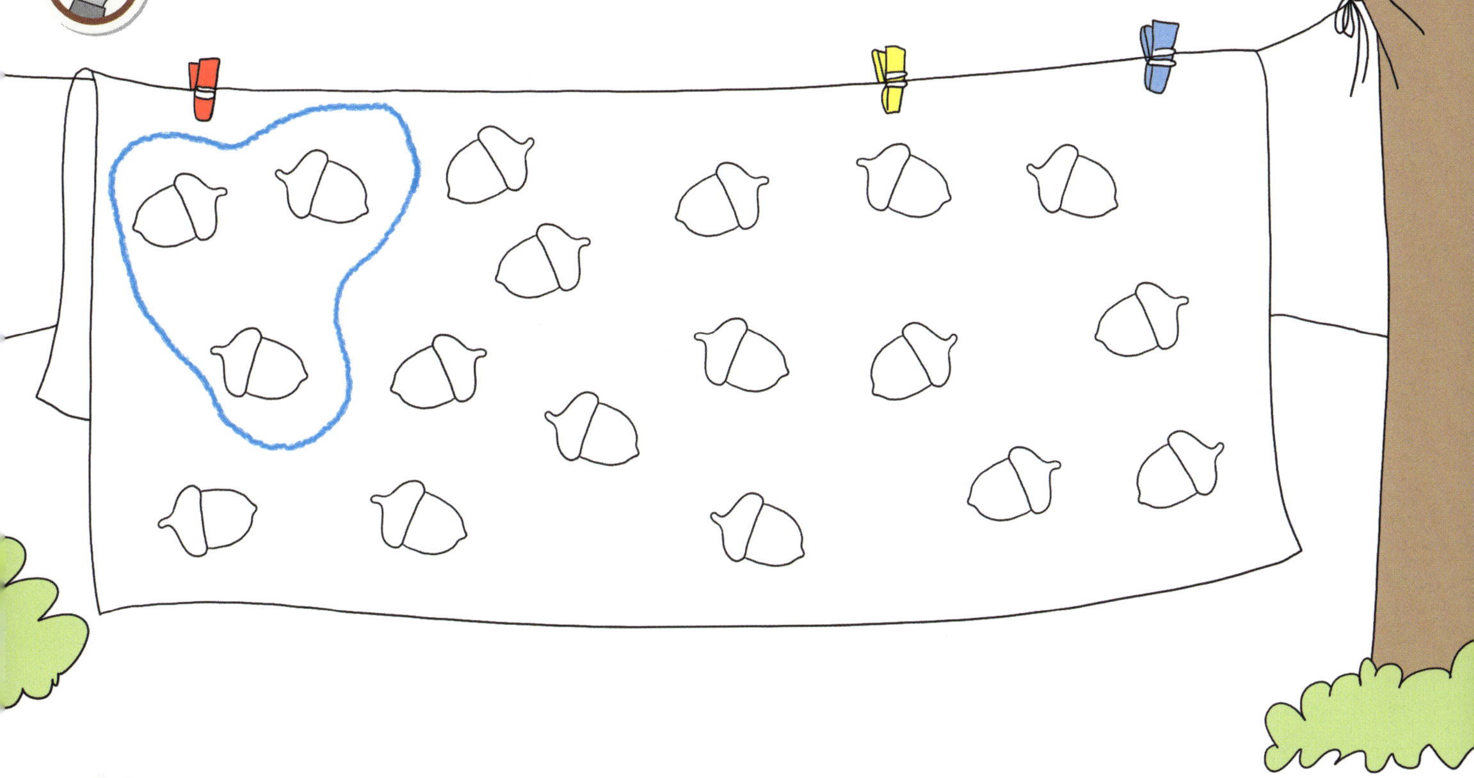

Fülle die Teller so, dass immer **3** Dinge darauf sind.

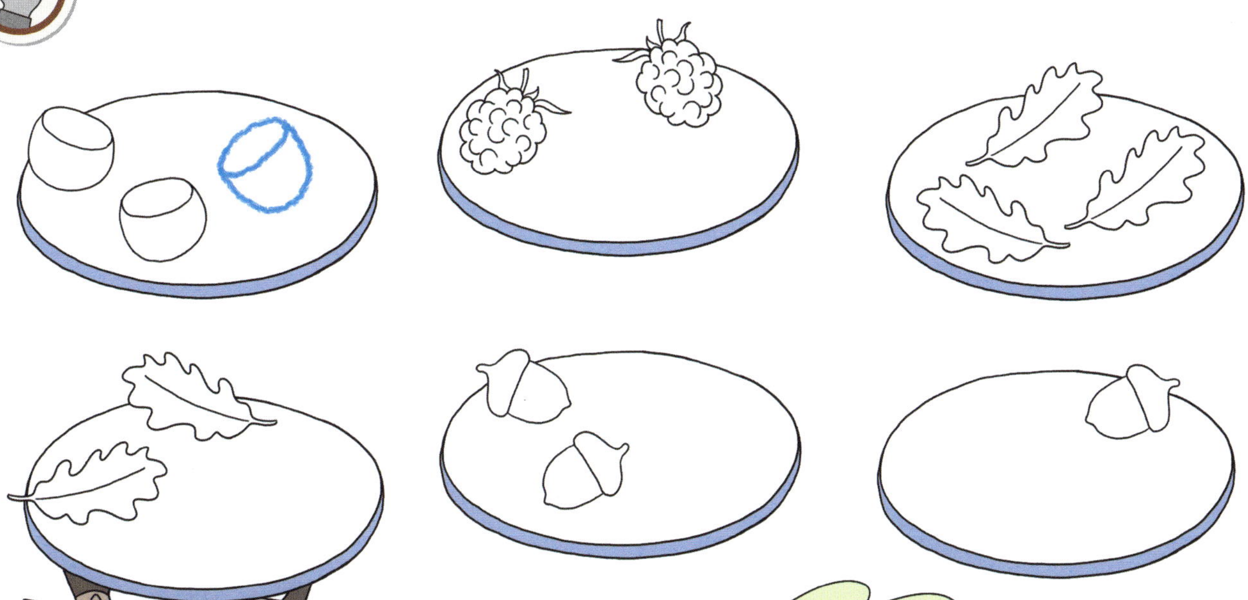

## Tipp

*Im Alltag lassen sich immer wieder Dinge zum Zählen finden: Wie viele Äpfel liegen auf der Schale? 1–2–3–4–5. Wie viele Kinder sitzen am Tisch? 1–2. Usw.*

# DINGE ZÄHLEN

Zähle und male die Punkte aus.

Wer hat **6** Beine? Zähle und kreise die passenden Tiere ein.

Immer **4** Schmetterlinge sind gleich.
Male die gleichen **4** Schmetterlinge gleich an.

**Tipp**

*1–2–3–? 6–7–? Geben Sie kurze Zahlenreihen vor und lassen Sie sie von Ihrem Kind fortsetzen. Auch so üben Sie spielerisch das Zählen.*

# MENGEN BESTIMMEN

Zähle die Fische.
Kreise ein, wo die meisten Fische schwimmen.

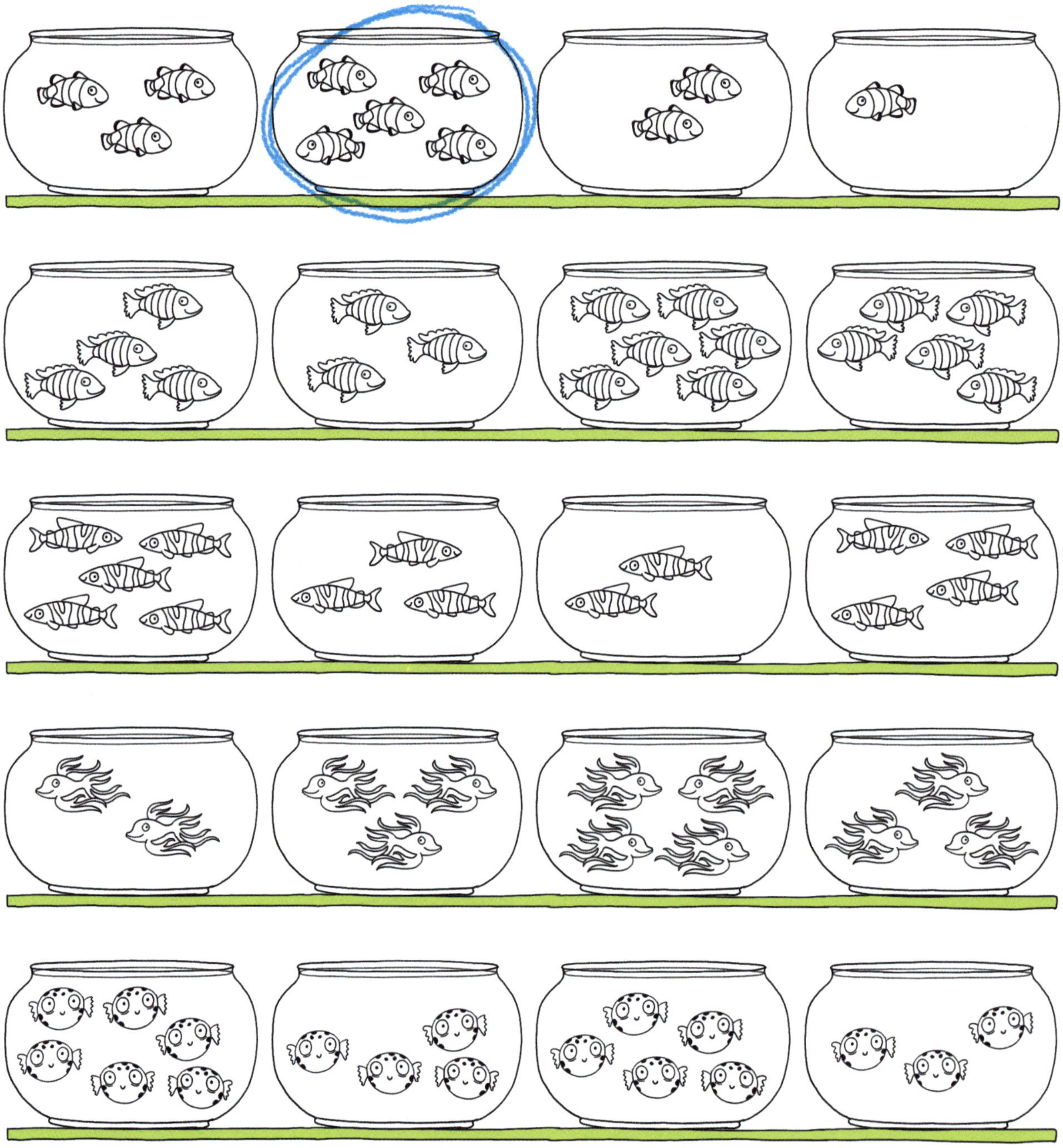

## Tipp

*Mengen lassen sich quasi überall vergleichen:*
*Liegen mehr Wurst- oder mehr Käsescheiben auf dem Teller?*
*Stehen mehr schwarze oder mehr graue Autos vor dem Haus?*
*Ermuntern Sie Ihr Kind, Vergleichsaufgaben zu finden.*

Wie viele Tiere siehst du? Zähle mit der Strichliste.

Zähle die Fische von einer Sorte.
Verbinde sie jeweils von **1 – 5**.

# MENGEN BESTIMMEN

Wie viele Eier liegen im Nest? Zeichne die richtige Menge.

Welche Gruppe ist größer? Zähle und kreise dann die größere ein.

**Tipp**

*Wie oft macht es „Tschiep“? Zwitschern Sie Ihrem Kind doch einmal etwas vor. Kann es die Anzahl der Töne benennen? Natürlich geht das auch mit anderen Tiergeräuschen.*

Ist die Anzahl gleich oder ungleich?
Schreibe das richtige Zeichen: = ≠

# ZAHLEN ERKENNEN

Male die Felder mit der **2** an.

Kreise die passende Zahl ein.

1 2 3 4 5 6

1 2 3 4 5 6

1 2 3 4 5 6

1 2 3 4 5 6

Male die Fische mit einer **5** an.

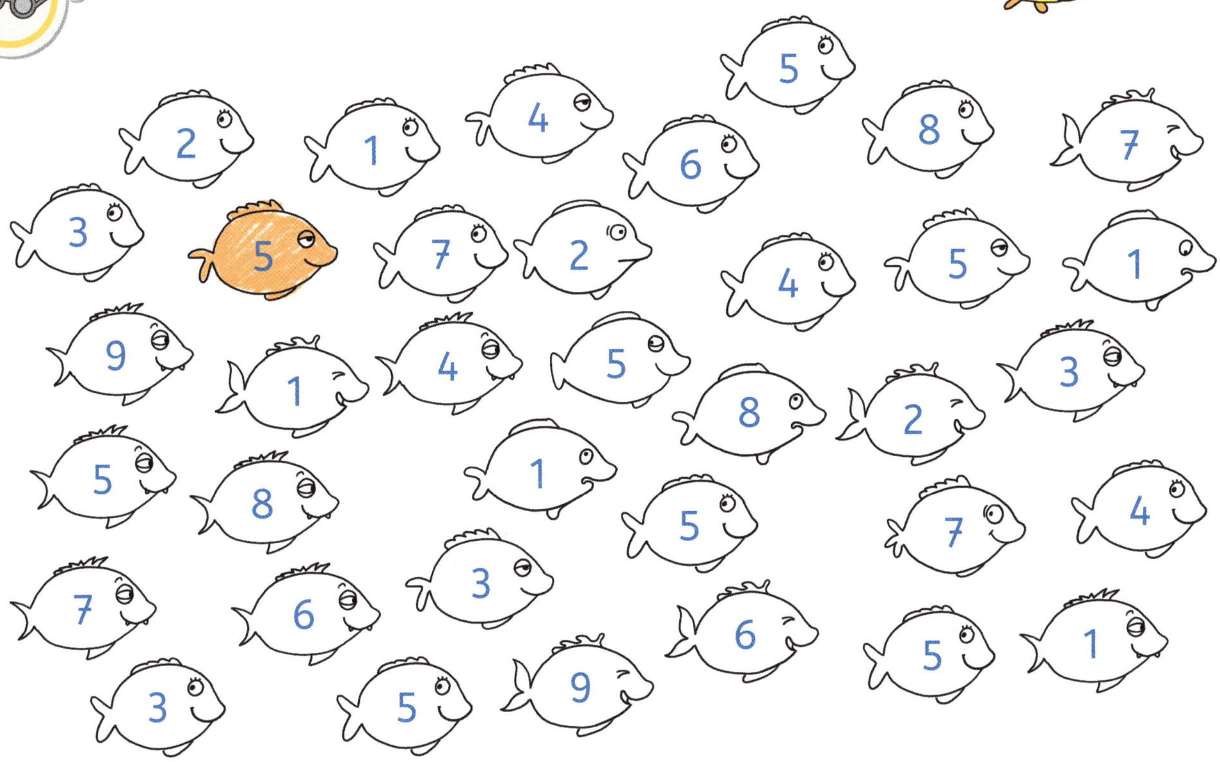


Verbinde die Zahlen von **1 – 10** in der richtigen Reihenfolge.

**Tipp**

*In Zeitungen und Zeitschriften lassen sich viele Zahlen entdecken. Schneiden Sie diese gemeinsam mit Ihrem Kind aus, ordnen sie diese und kleben Sie sie auf. So entstehen schöne Plakate.*

# ZAHLEN ERKENNEN

Male die Felder aus.

1 = 2 = 3 = 4 = 5 =

Kreise die passenden kleinen Zahlen ein.

**Tipp**

Schreiben Sie die Zahlen von 1–6 in bunten Farben auf. Lassen Sie Ihr Kind raten: Welche Zahl ist rot? Welche Farbe hat die 3?

# ZAHLEN ERKENNEN

Verbinde die beiden Krebse, die dieselbe Zahl zeigen.

Streiche die Zahl weg, die nicht in die Reihe passt.

Erkennst du die Zahlen? Male sie an.

**Tipp**

Autokennzeichen oder Hausnummern bieten eine Fundgrube an Zahlen. Fordern Sie Ihr Kind auf, nach einer bestimmten Zahl Ausschau zu halten.

# ZAHLEN SCHREIBEN

Spure die **1** nach.

Zähle und schreibe die **1**, wenn nur ein Ding zu sehen ist.

Spure die **2** nach.

**Tipp**

Zahlen lassen sich auch prima mit Knete formen oder – wenn es matschiger werden darf – im Sand mit Wasser zeichnen bzw. kneten.

# ZAHLEN SCHREIBEN

Spure die **3** nach.

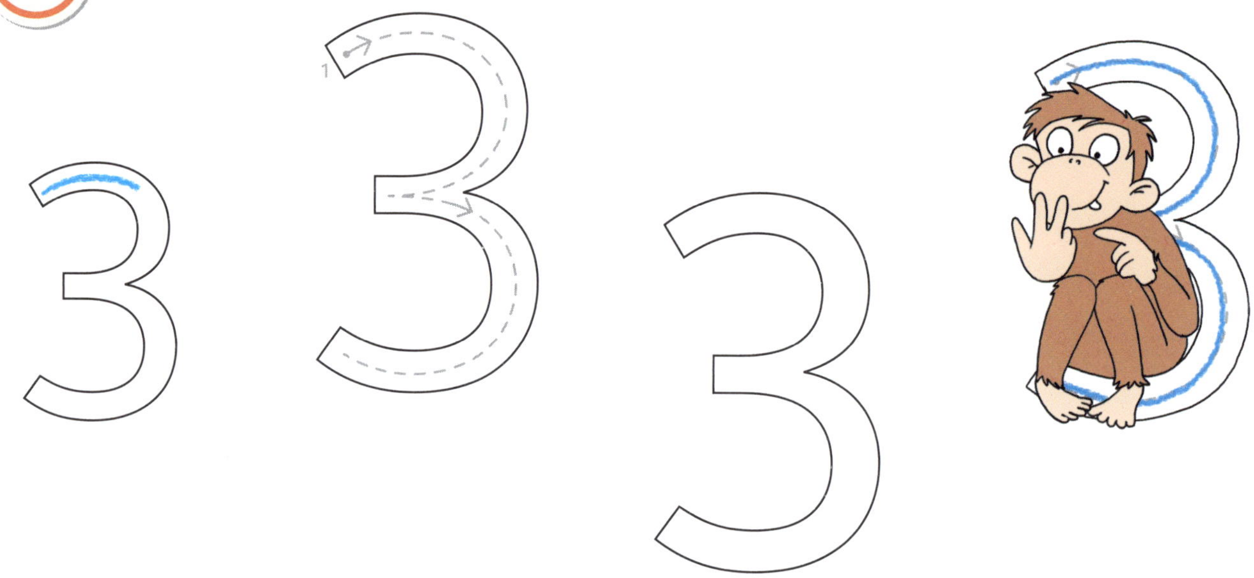

Schreibe die **3**, wo sie fehlt.

Spure die **4** nach.

Zähle die Beine der Tiere. Schreibe die **4**, wenn das Tier 4 Beine hat.

**Tipp**

*Lassen Sie sich von Ihrem Kind eine Zahl mit dem Finger auf den Rücken schreiben. Spüren Sie, welche Ziffer geschrieben wurde? Danach tauschen Sie die Rollen.*

# ZAHLEN SCHREIBEN

Spure die **5** nach.

**Tipp**

*Überlegen Sie gemeinsam mit Ihrem Kind, welche Ziffern immer in besonderen Kombinationen vorkommen, z. B. die 2 bei einem Paar Schuhe, die 4 bei vierbeinigen Tieren, die 5 Finger an der Hand …*

Spure die **6** nach.

**5** oder **6**? Schreibe die richtige Zahl in das Kästchen.

# ZAHLEN SCHREIBEN

Spure die **7** nach.

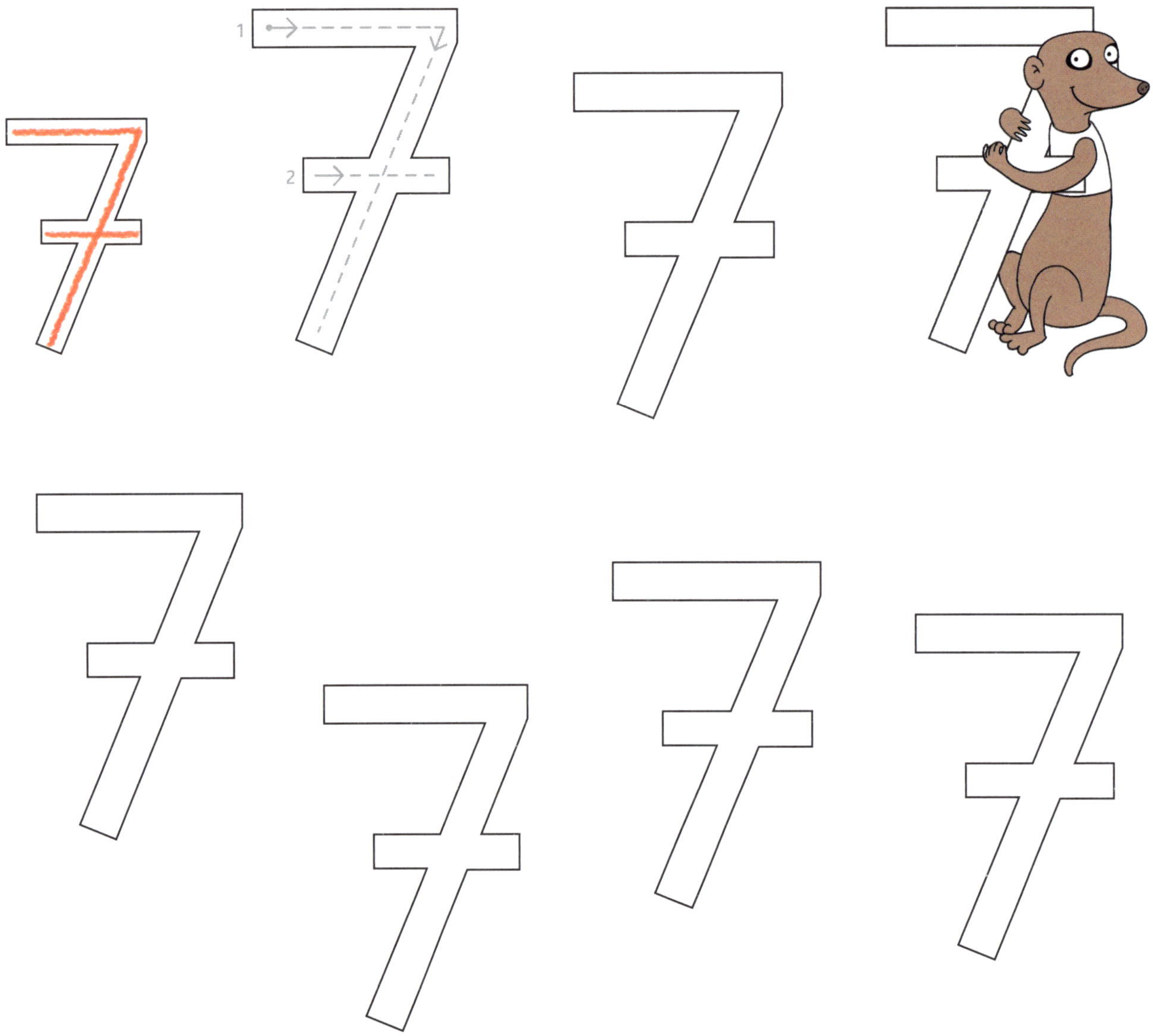

**Tipp**

*Auch mit Zahlwörtern lässt sich reimen: 7 – lieben, 8 – er lacht, … Wer findet für jede Zahl von 1 bis 10 ein Reimwort?*

Spure die **8** nach.

Zähle und kreise immer **8** Erdmännchen ein.

# ZAHLEN SCHREIBEN

Spure die **9** nach.

Spure die **10** nach.

**9** oder **10**? Schreibe die richtige Zahl in das Kästchen.

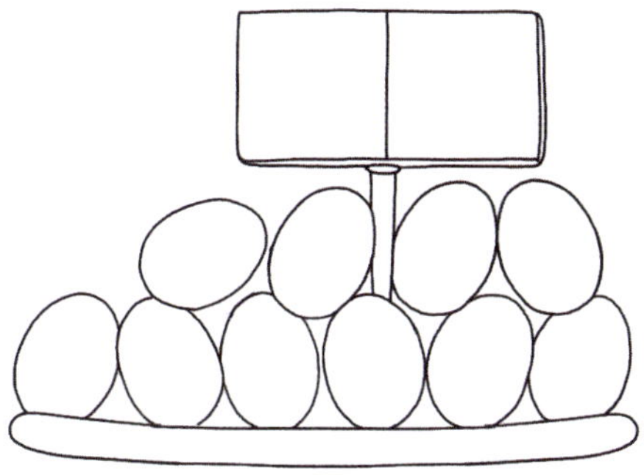

## Tipp

*Spielen Sie doch mal „Zahlen raten“: Sie denken sich eine Zahl von 1 – 10, ihr Kind rät. Durch den Tipp „mehr“ oder „weniger“ helfen Sie, die richtige Zahl zu finden. Dann werden die Rollen getauscht.*

# WÖRTER ZUSAMMENSETZEN

Findest du die neuen Wörter? Spure die Linien nach.

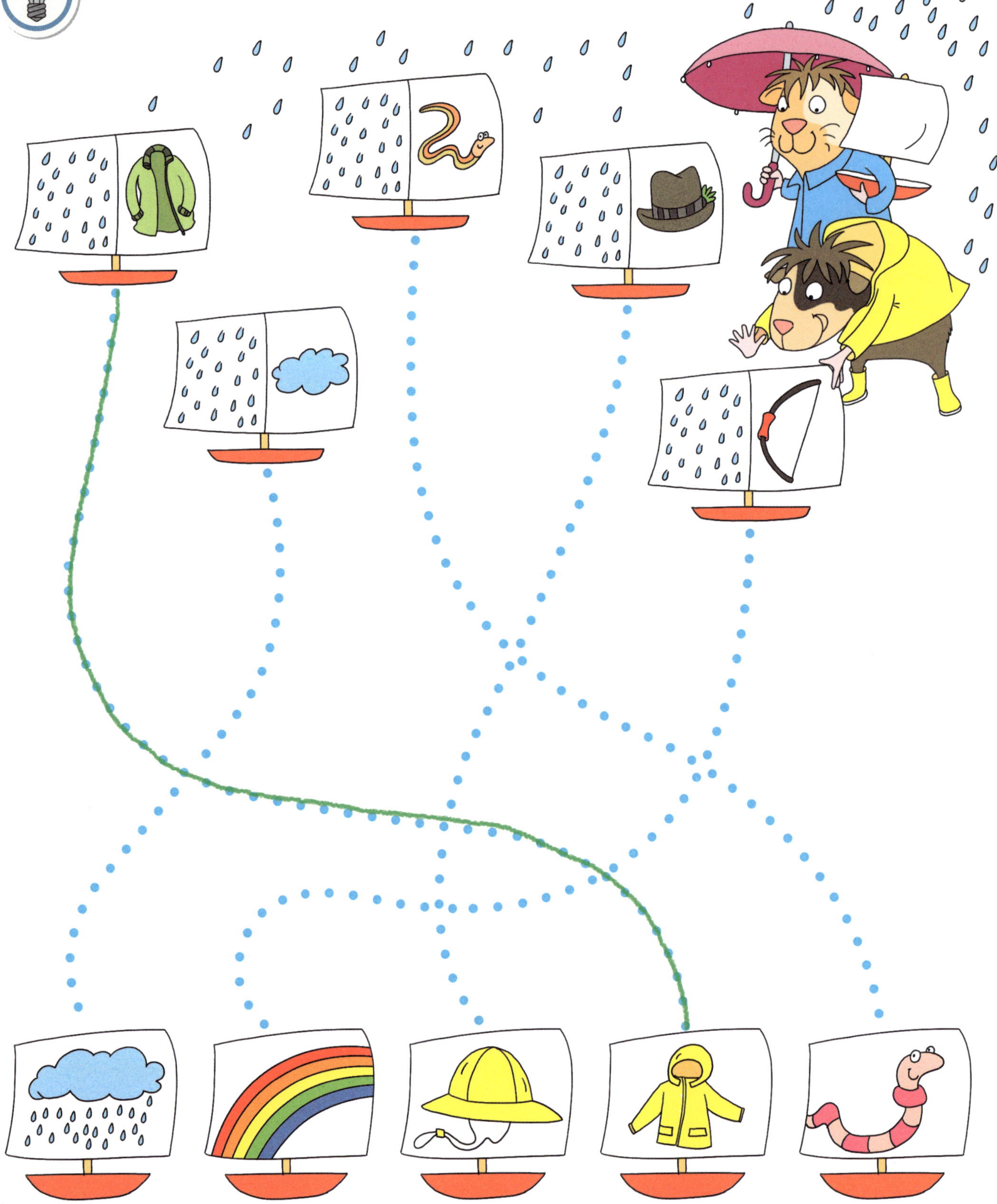

Welche beiden Wörter gehören zum Bild in der Mitte? Verbinde.

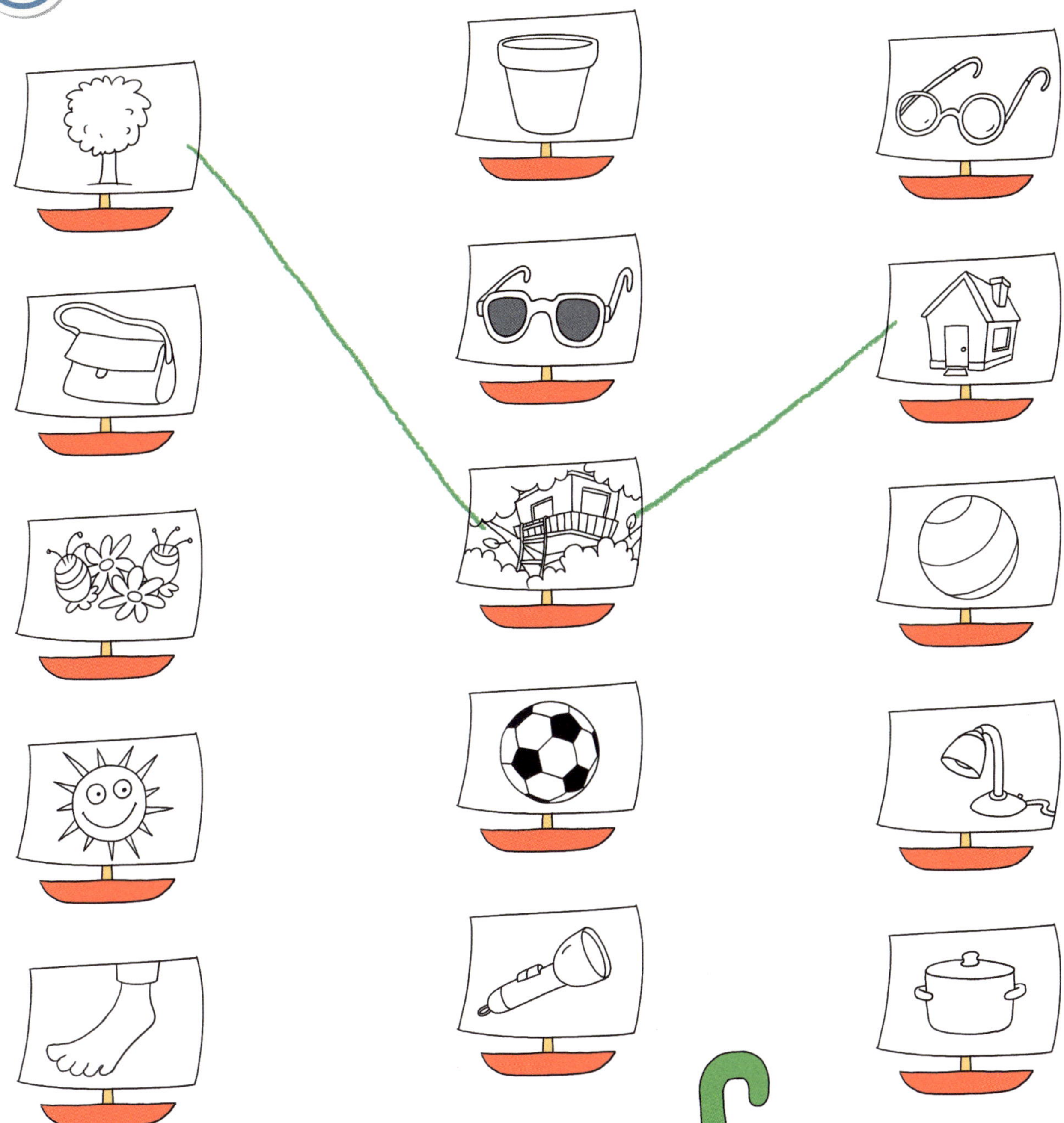

# WÖRTER ZUSAMMENSETZEN

Verbinde die Wortpaare mit dem passenden Bild.

Kannst du den Gegenstand malen, der gemeint ist?

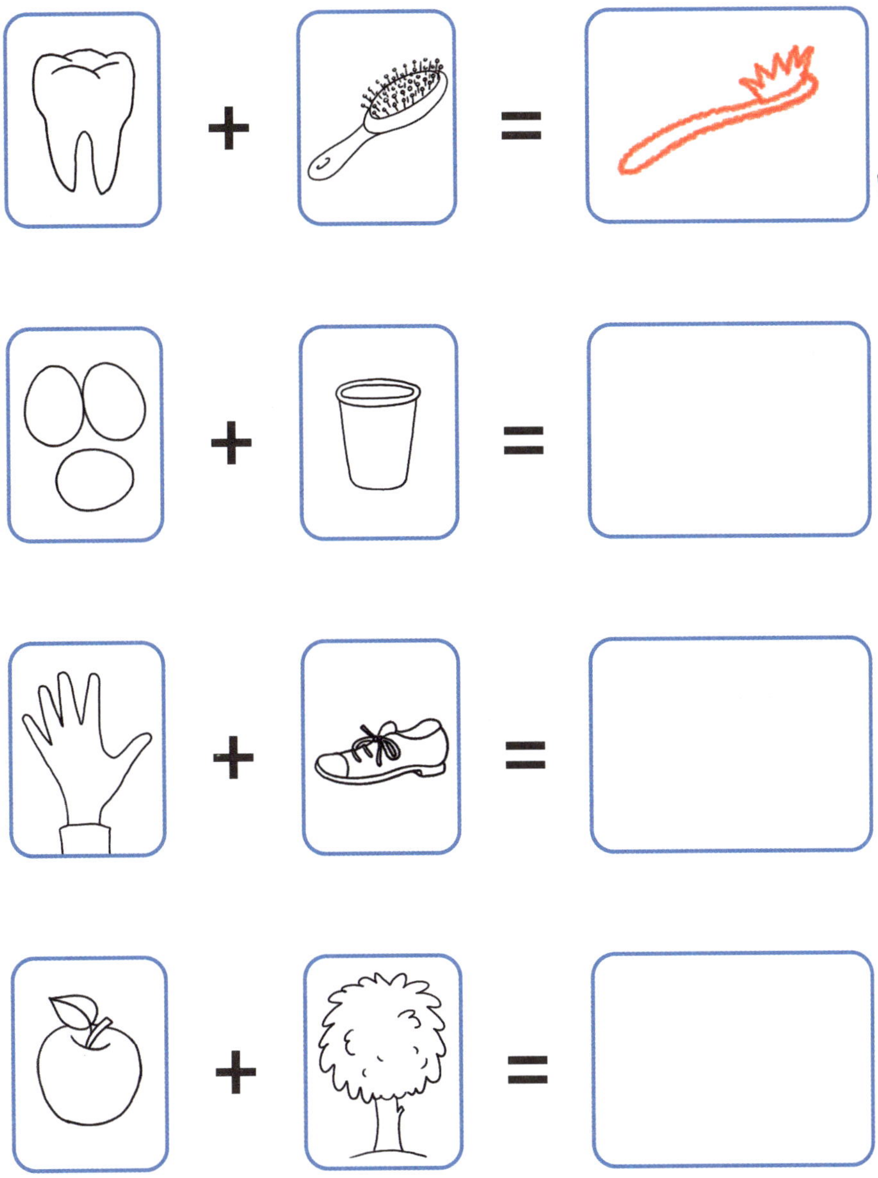

**Tipp**

Im Alltag gibt es viele zusammengesetzte Wörter zu entdecken: die Zahnbürste, das Tischbein, ... Überlegen Sie gemeinsam mit Ihrem Kind, was es bei Ihnen im Haushalt alles gibt.

# BUCHSTABEN LESEN

Sprich alle Wörter laut und höre auf das A am Anfang.
Streiche die Bilder durch, die nicht mit **A** anfangen.

Wohin will der Affe?
Folge der Spur mit **A**: → ↓ ↑

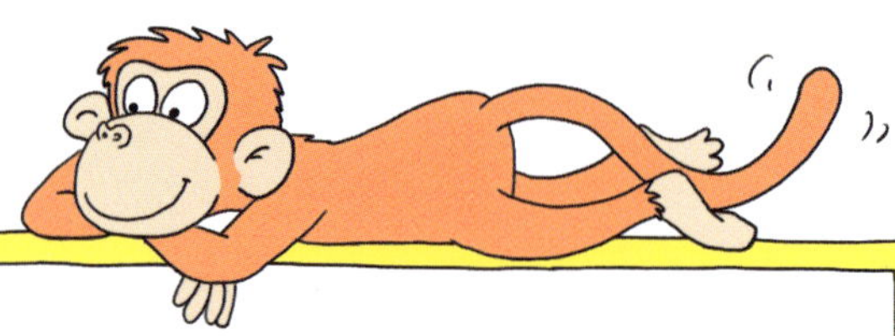

| | | | | | |
|---|---|---|---|---|---|
| F | A | F | N | E | F |
| A | A | N | A | A | A |
| E | A | E | A | F | E |
| A | A | N | A | E | N |
| N | A | F | A | A | F |
| A | A | E | A | F | A |
| F | A | N | A | A | E |
| A | A | A | E | A | N |
| E | A | A | A | A | F |
| A | N | A | F | N | A |
| N | F | A | N | A | F |
| A | E | A | E | F | N |

Streiche das Bild durch, das nicht mit dem Buchstaben anfängt.

Lies die Buchstaben, sprich die Wörter.
Kreise das Bild ein, das mit dem angezeigten Buchstaben beginnt.

**Tipp**

*Machen Sie doch immer mal einen Tag zu einem besonderen Buchstaben-Tag. An diesem Tag wird überall nach einem bestimmten Buchstaben Ausschau gehalten. Vorher wurde der Buchstabe in die Luft gemalt, mit dem Finger auf den Tisch geschrieben usw.*

Male die Felder aus.

T =

A =

P =

S =

I =

Verbinde die Abdrücke mit dem passenden Buchstaben.

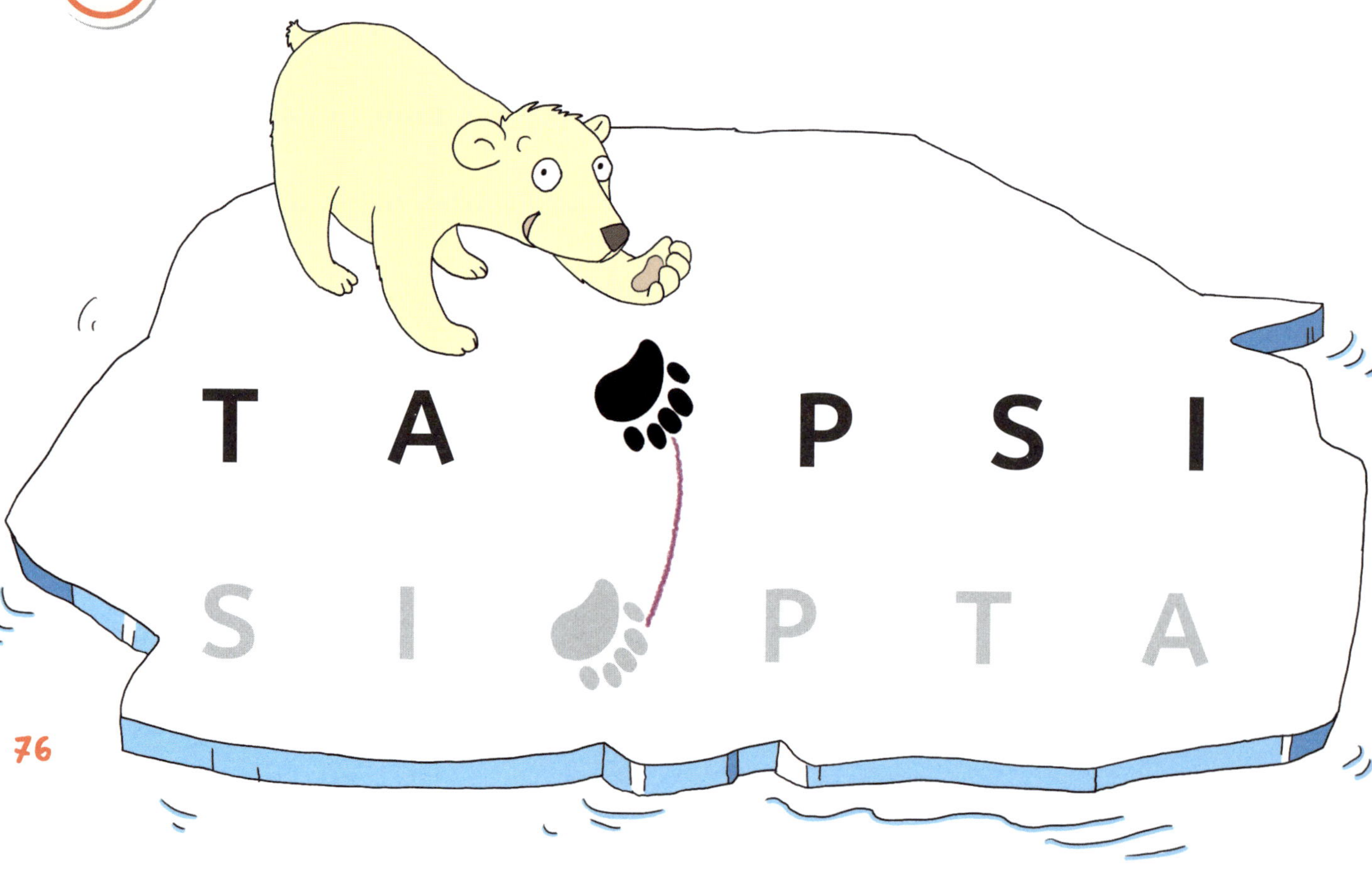

Streiche die Buchstaben durch, die nicht passen.

## Tipp

*Denken Sie daran, die Buchstaben beim Lesen zu lautieren, also „S“ und nicht „Es“ zu sagen. Vielleicht spielen Sie dann mal „Ich höre was, was du nicht hörst“: Sie produzieren (möglichst stumm) einen Laut, Ihr Kind versucht ihn an der Mundstellung zu erraten – und natürlich auch umgekehrt.*

# BUCHSTABEN LESEN

Male die Buchstaben an, welche die Tiere in ihrem Namen haben.

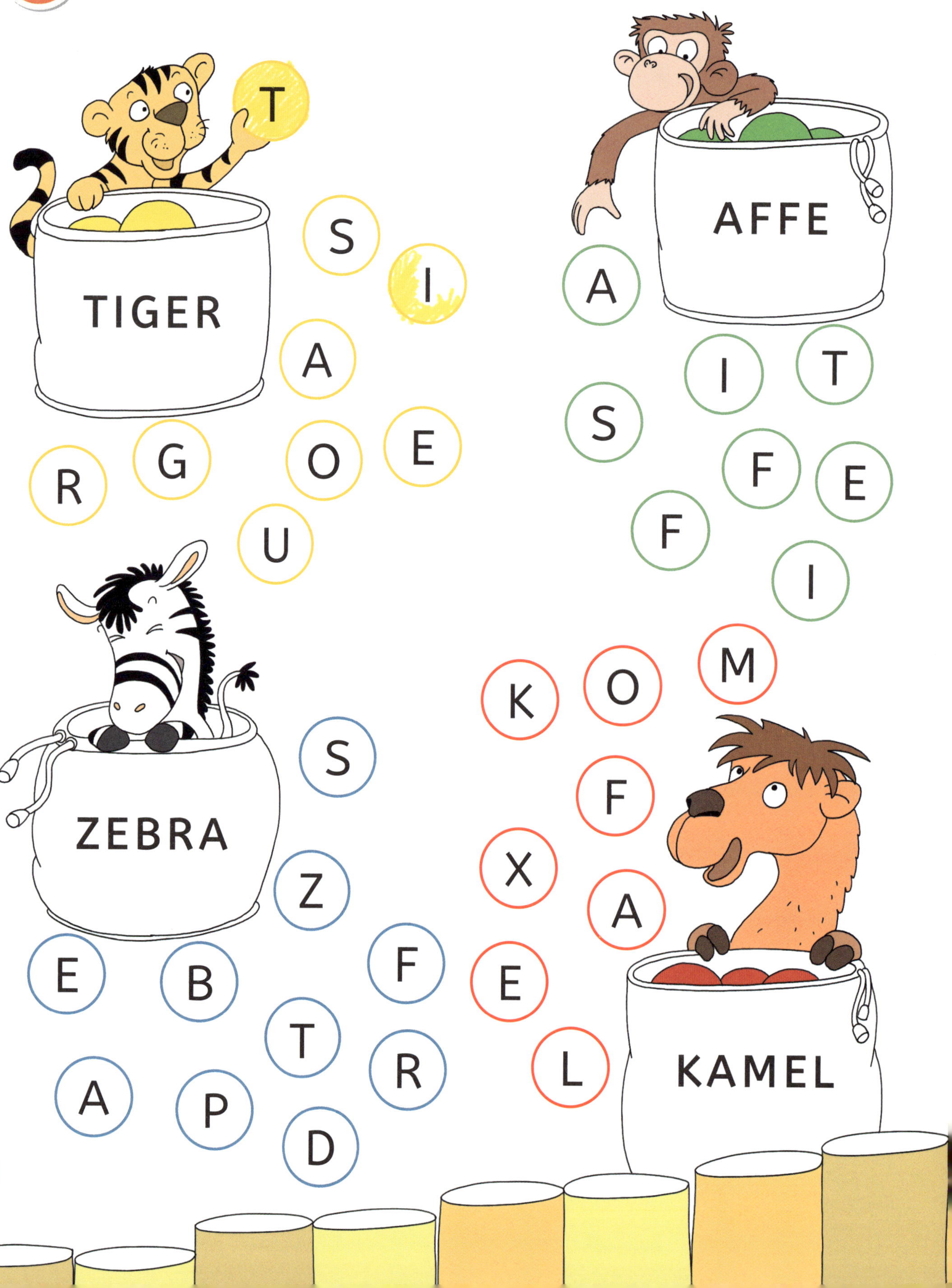

Verbinde die Tierfiguren mit dem passenden Buchstaben.

A B E L O T

## Tipp

*Bevor Ihr Kind in die Schule kommt, muss es nicht alle Buchstaben lesen können. Mit den Buchstaben aus dem eigenen Namen können Sie aber schöne Suchspiele machen, z. B.: Welche Buchstaben haben MAX und PAPA gemeinsam?*

# BUCHSTABEN LESEN

Lies die Buchstaben und schreibe sie dann ab.

A ____ ____ ____ ____ ____ ____ ____

**Tipp**

*Legen Sie mit Ihrem Kind auch Buchstaben, z. B. aus Streichhölzern, aus Strohhalmen oder aus Bauklötzen.*

Kreise die beiden Buchstaben ein, die in einer Reihe doppelt vorkommen.

O K A O L S M

O A K L A S M

O S L K L A M

O S A K S L M

O K M S L A M

Sprich die Namen der Tiere laut aus.
Kreise den Buchstaben ein, mit dem alle Tiernamen beginnen.

L P U

K L M

A H I

F L M

# SILBEN LESEN

Sprich die Wörter laut und deutlich.
Kreise ein, wie viele Silben du hörst.

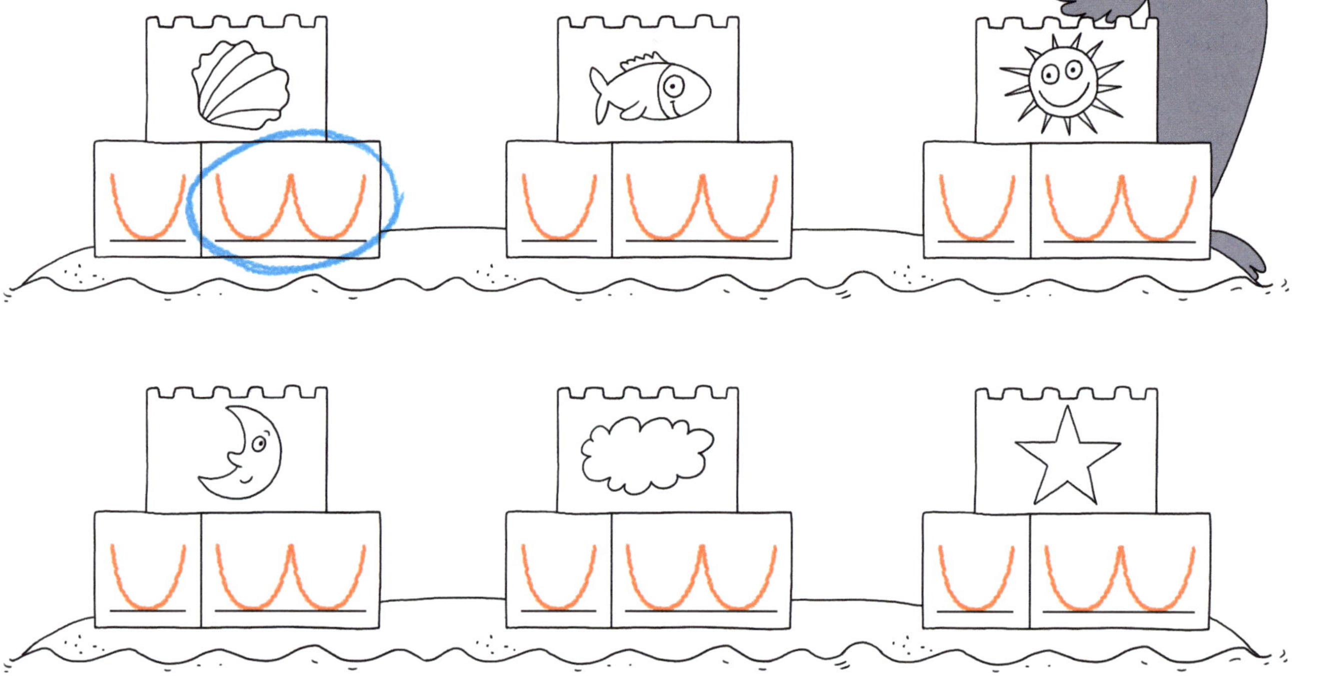

Sprich die Wörter deutlich.
Zeichne selbst die Silbenbögen unter die Wörter.

Sprich die Wörter deutlich. Welche 3 Wörter haben die gleiche Anzahl Silben? Male die Bälle gleich an.

**Tipp**

*Silben kann man prima durch Klatschen oder Stampfen hörbar machen. Bewegen Sie sich doch auch dazu: für jede Silbe einen Schritt nach rechts gehen oder die Arme in Etappen über den Kopf heben. Mit Bewegungen lernt es sich einfach leichter!*

Verbinde die Silben zu Wörtern.

**Tipp**

Mit Silben kann man auch ein lustiges Ratespiel durchführen: Sie geben eine Silbe vor – Ihr Kind versucht, das Wort zu beenden. Am Anfang sollten Sie dafür vor allem bekannte Wörter nutzen.

Sprich die Wörter deutlich.
Kreise die Wörter ein, die nur eine Silbe haben.

Sprich die Wörter deutlich.
Zeichne selbst die Silbenbögen unter die Wörter.

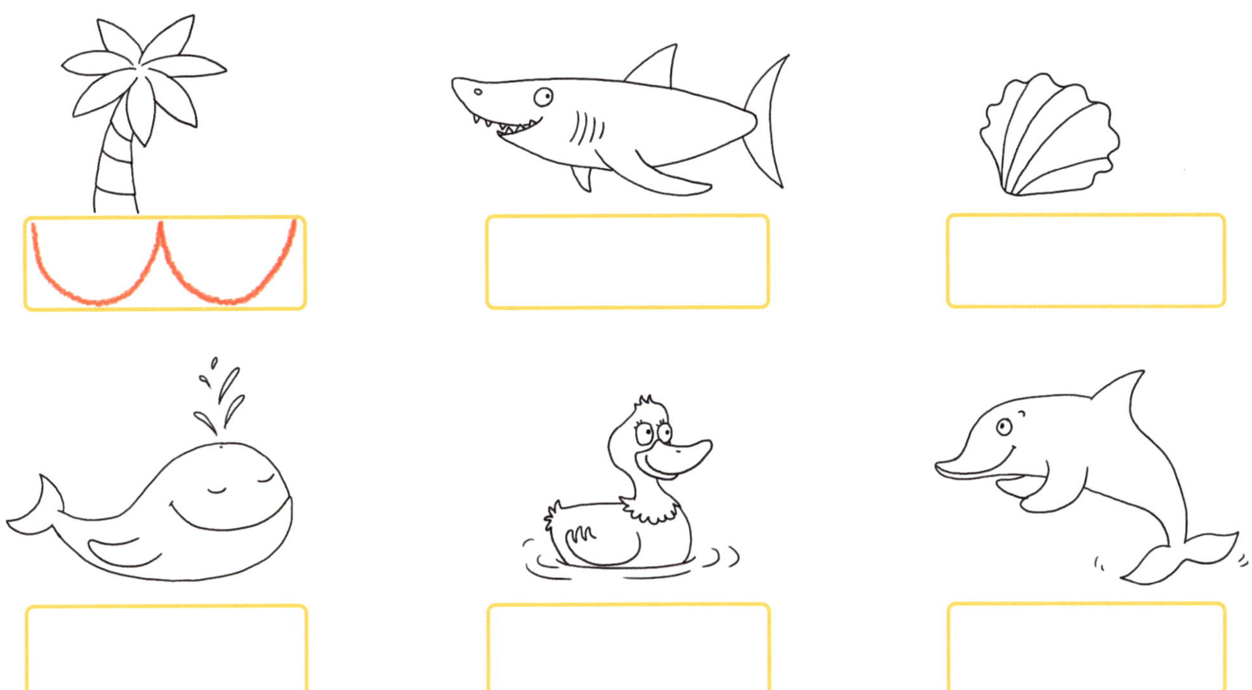

# WÖRTER LESEN

Lies die Wörter und male die Schafe an.

**Tipp**

*Die Wörter ROT, BLAU, GELB sind schnell auf Haftzettel geschrieben und können von Ihrem Kind an Gegenstände in dieser Farbe geklebt werden – immer wieder neu.*

Verbinde die beiden passenden Wörter.

| | |
|---|---|
| ROT | LILA |
| LILA | ROSA |
| GELB | BLAU |
| BLAU | ROT |
| ROSA | GELB |

Lies die Wörter und spure die Linien farbig nach.
Male die Farbeimer passend an.

BLAU

ROT

LILA

GELB

# WÖRTER LESEN

Male die beiden Büsche, auf denen das gleiche Wort steht, gleich an.

**Tipp**

*Geben Sie Ihrem Kind immer die Möglichkeit, „abzugucken“ (s. Seite 108/109). Eine Vorlage für das Schreiben der Buchstaben ist wichtig – und die Aufgabe bleibt immer noch schwierig genug.*

Spure die Linien nach. Schreibe die Namen.

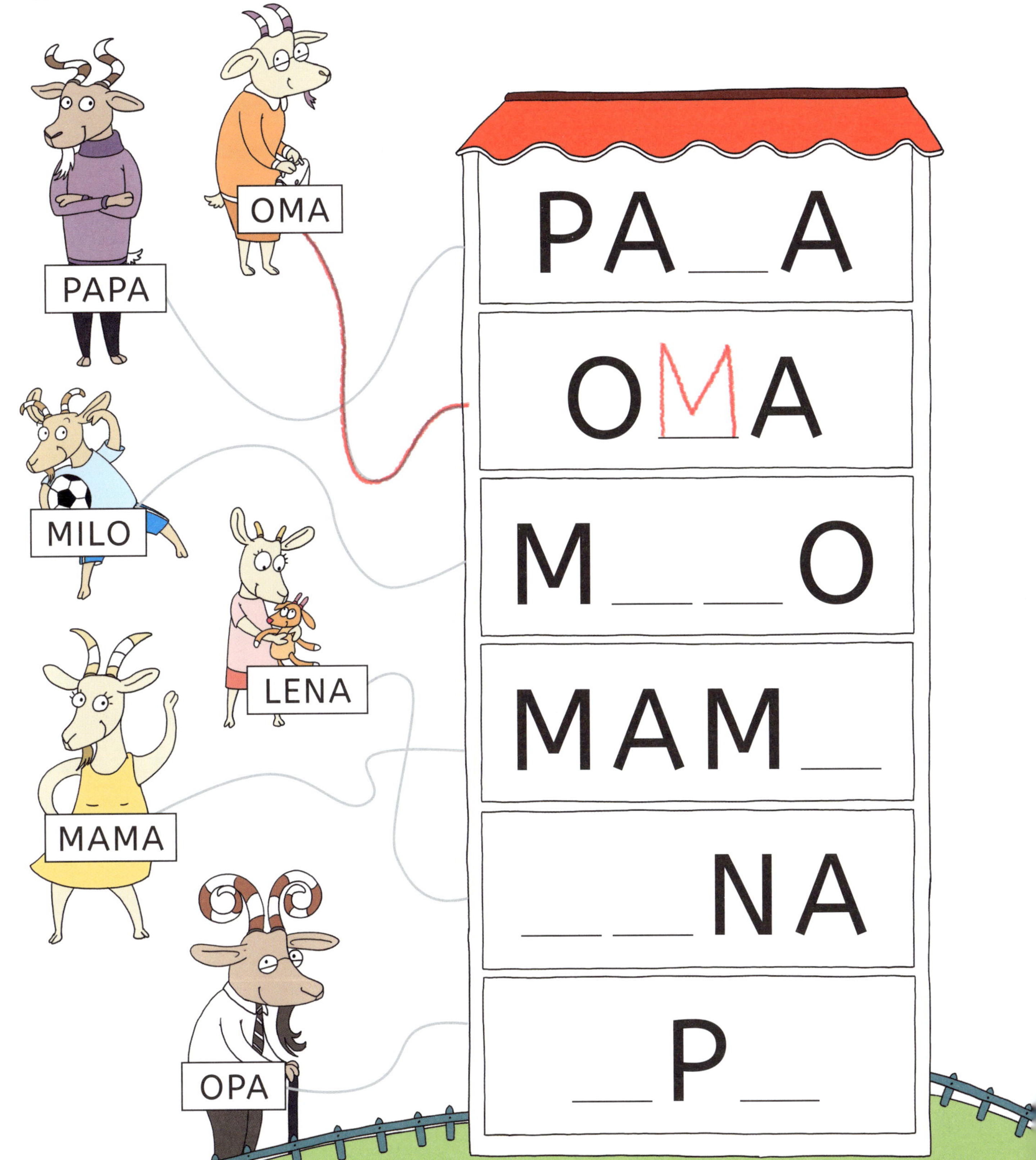

# WÖRTER LESEN

Lies den Satz laut vor. Kreuze den passenden Satz an.

IM 

AM 

IM ☒

AM ☐

IM ☐

AM ☐

IM ☐

AM ☐

IM ☐

AM ☐

Lies die Wörter. Streiche das Wort durch, das nicht in die Reihe passt.

HUND HUND HAND HUND

ENTE ENTE TANTE ENTE

GANS GANS GANS HALS

ESEL ESEL ESEL ENTE

Verbinde die beiden Wörter.

ENTE — ENTE

HUND

ESEL

HUND

ESEL

**Tipp**

*Schneiden Sie doch mal aus dem Titel oder der Schlagzeile Ihrer Tageszeitung ein Puzzle – so lernt ihr Kind handelnd auf Buchstabenformen zu achten und Wörter zu erkennen.*

# SCHREIBHILFEN

T U V
W X Y Z
1 2 3 4
5 6 7 8
9 0

# LÖSUNGEN

## Liebe Eltern,

als kleine Unterstützung für das Überprüfen der Aufgaben haben wir hier einzelne Lösungen aufgeführt.

### Seite 5

### Seite 6

### Seite 7

viertes Schaf, erstes Pferd, zweite Ziege, zweites Kälbchen, viertes Schwein

### Seite 9

Bananen, Küken spielen Fußball, Affe, Schneemann, Fasan fährt Roller, Geburtstagskuchen, Gans mit Sonnenschirm, Kappe (Huhn mit Kappe)

### Seite 16

roter Ball mit weißen Punkten: 3; gelber Ball: 2; blauer Ball: 5; oranger Ball: 4; pinkfarbener Ball: 6

### Seite 17

blauer Ball, Teller mit Erbsen, blaue Bälle, Orange, Uhr, Apfel

### Seite 18

viereckige Dachluke, Schild zur Toilette, Eisschild, Plakat „Fish + Chips“, Buch mit Palmenmotiv, Schild mit Pinguin, Kisten auf Einkaufswagen bzw. Wagen selbst

### Seite 22

**A**ffe, **A**meise *(3x auf Tablett)*, **A**mpel, **A**pfel, Gl**a**s, M**a**ntel, Mof**a** *(wenn Roller gesagt wird, keine Einkreisung)*, Sp**a**getti *(wenn Nudeln gesagt wird, keine Einkreisung)*, Tom**a**te, Zebr**a**

### Seite 23

**M**aus – **M**ond; **L**öwe – **L**öffel; **A**meise – **A**ffe; **S**onne – **S**ofa; **F**isch – **F**lasche; **T**iger – **T**asse

### Seite 24

**H**und – **H**uhn; **E**sel – **E**lefant; **F**isch – **F**liege; **N**ashorn – **N**ilpferd; **M**aulwurf – **M**aus; **A**meise – **A**ffe; **Sch**af – **Sch**wan

**I**gel – **I**glu – **I**nliner/**I**nlineskates – **I**nliner/**I**nlineskates – **I**nsel – **I**gel

## Seite 25

**B**iene: **B**anane – ~~Affe~~ – **B**aum – **B**erg
**M**aus: **M**ond – **M**elone – **M**und – ~~Lolli~~
**S**eepferdchen: **S**ofa – **S**äge – ~~Apfel~~ – **S**alat
**L**öwe: **L**aterne – **L**uftballon – **L**eiter – ~~Dose~~

**I**nsel – **I**nliner/**I**nlineskates – **I**glu – **I**gel

## Seite 26

**E**sel: **E**nte – ~~Mütze~~ – **E**lefant – **E**ngel
**T**isch: ~~Sessel~~ – **T**iger – **T**omate – **T**eller
**H**ut: **H**ase – **H**and – **H**ammer – ~~Kleid~~
**Sch**metterling: **Sch**af – **Sch**al – ~~Banane~~ – **Sch**neemann

Nashorn – Nadel – Pilz – Nest
Zebra – **N**uss – **N**ilpferd – Becher

## Seite 27

W**ei**ntraube – Am**ei**se – **Ei**s – L**ei**ter – Schw**ei**n – Kl**ei**d –
Pf**ei**l – Oster**ei** – S**ei**l – **Ei**mer

**N**agel – Zah**n** – **N**est – **N**udel**n** – Wei**n**traube**n** – So**n**ne

## Seite 28

Ele**f**ant – **F**eder – **F**enster – **F**isch – (**F**uchs) –
Mikro**f**on – (Scha**f**) – So**f**a – Teu**f**el

## Seite 29

**F**uchs – **F**isch – ~~Hase~~
**B**är – **B**aum – ~~Eichhörnchen~~
**A**meise – **A**ffe – ~~Esel~~
~~Sonne~~ – **I**nsel – **I**gel

Fuchs – **Fledermaus** – Maulwurf
**Glascontainer** – Mofa – Fenster
Fisch – Sofa – **Melone**
Fliege – Schaf – **Feuerwehrauto**

## Seite 44

Lösungswort: Apfel

## Seite 45

Schal – Krone – Pilz – Zitrone

## Seite 46

Fuchs: 1; Frischling *(kleines Wildschwein)*: 4; Reh: 3;
Hirsch: 1; Vogel: 5; Hase: 3; Wildschwein: 5;
Eichhörnchen: 2

## Seite 47

Insgesamt sind es 6 Gruppen à 3 Eicheln.

## Seite 48

Marienkäfer: 5; Heuschrecken: 3;
Ameisen: 4; Bienen: 2

Eingekreist werden müssen: Ameise (2x),
Fliege (3x), Heuschrecke (1x), Wespe (2x).

## Seite 50

2. Reihe: 4 – 3 – **6** – 5; 3. Reihe: **5** – 3 – 2 – 4;
4. Reihe: 2 – 3 – **4** – 3; 5. Reihe: **6** – 4 – 5 – 3

## Seite 51

Seepferdchen: 3; Krabben: 2; Seesterne: 5;
Fische: 6; Muscheln: 4

## Seite 67

Insgesamt sind es 3 Gruppen à 8 Erdmännchen –
ein Erdmännchen bleibt übrig.

## Seite 70

Regen + Jacke = Regenjacke
Regen + Wolke = Regenwolke
Regen + Wurm = Regenwurm
Regen + Hut = Regenhut
Regen + Bogen = Regenbogen

# LÖSUNGEN

## Seite 71

Baum + Haus = Baumhaus
Tasche + Lampe = Taschenlampe
Blumen + Topf = Blumentopf
Sonne + Brille = Sonnenbrille
Fuß + Ball = Fußball

## Seite 72

Schaukel + Pferd = Schaukelpferd
Hunde + Kuchen = Hundekuchen
Löwe + Zahn = Löwenzahn
Vogel + Haus = Vogelhaus
Schwert + Fisch = Schwertfisch

## Seite 73

Zahn + Bürste = Zahnbürste
Eier + Becher = Eierbecher
Hand + Schuh = Handschuh
Apfel + Baum = Apfelbaum

## Seite 74

**A**mpel – ~~Muschel~~ – **A**pfel – **A**ngel(rute)
~~Erdbeere~~ – **A**nanas – ~~Blume~~ – **A**meise

Die Striche von einem A zum nächsten führen zum Apfel.

## Seite 75

E: **E**rdbeere – **E**nte – ~~Haus~~
I: **I**nliner/**I**nlineskates – ~~Gabel~~ – **I**glu
O: **O**bst – **O**sterei – ~~Elefant~~
U: ~~Flasche~~ – **U**fo – **U**-Boot

A: ~~Zitrone~~ – Apfel; E: ~~Kuh~~ – Esel; I: Iglu – ~~Haus~~;
O: Oma – ~~Blume~~; U: Uhr – ~~Flasche~~

## Seite 81

**L**: Löwe, Leopard, Libelle; **K**: Kamel, Koala, Känguru;
**H**: Hai, Hund, Hirsch; **F**: Fledermaus, Fuchs, Flamingo

## Seite 82

Muschel = 2 Silben, Fisch = 1 Silbe, Sonne = 2 Silben,
Mond = 1 Silbe, Wolke = 2 Silben, Stern = 1 Silbe

Fisch = 1 Silbe, Mond = 1 Silbe, Muschel = 2 Silben,
Stern = 1 Silbe, Sonne = 2 Silben, Wolke = 2 Silben

## Seite 83

**1 Silbe:** Haus, Baum, Frosch
**2 Silben:** Auto, Socken/Strümpfe, Roller
**3 Silben:** Tomate, Krokodil, Sandalen

## Seite 84

Kra-ke, Pi-rat, Pal-me, Del-fin, En-te

## Seite 85

**1 Silbe:** Mond, Fisch, Maus, Eis, (Hai)

Palme = 2 Silben, Hai = 1 Silbe, Muschel = 2 Silben,
Wal = 1 Silbe, Ente = 2 Silben, Delfin = 2 Silben

## Seite 90

Pferd IM Stall, Hase IM Karottenfeld,
Hund AM Körbchen, Huhn AM Nest